990

9518

CATALOGUE

RAISONNÉ,

De tous les Monumens Littéraires et Scientifiques, réunis dans le Musée national de Marseille ;

Par le Citoyen C. F. ACHARD, l'un des Administrateurs du Musée, Membre du Lycée des Sciences et Arts de Marseille, et Associé-correspondant de la Société d'agriculture du Département de la Seine.

TOME PREMIER,

Contenant le Catalogue des Livres dont la Bibliothèque est composée.

A MARSEILLE,

De l'Imprimerie du Musée national.

AN VII RÉPUBLICAIN.

1799.

DISCOURS
PRÉLIMINAIRE.

MARSEILLE ancienne fut regardée comme la Maîtresse des Études et des Sciences : Marseille moderne brillait par son Commerce, et négligeait les Lettres et les Arts : Marseille, redevenue libre, rappellera les beaux jours de son antique splendeur. Parmi tous les bienfaits de la Révolution française, cette Cité célèbre placera au premier rang, la formation d'un Musée destiné à l'Instruction publique et aux progrès des Sciences, du Commerce et de la Navigation.

C'est au zèle des Habitans de cette grande Commune qu'est due l'origine de cet établissement important, qui deviendra utile à la République entière. La Loi qui déclarait les biens des corporations supprimées, Propriété nationale, indiquait en même tems leur vente au profit du Trésor public. Les Marseillais, d'une voix unanime, réclamèrent contre la vente des Livres nationaux : Cette réclamation, accueillie par les Autorités locales, fût en même temps le fondement de la Bibliothèque publique de Marseille, et l'initiative du Décret de la Convention nationale, qui défendait d'exposer en vente les Monumens des Arts.

Des Livres, des Tableaux, des objets d'Histoire naturelle furent rassemblés dans des Dépôts, et entassés confusément. Il était impossible de les placer méthodiquement, lorsque la maison des ci-devant Bernardines, destinée par le vœu des Citoyens, et indiquée par son site et par ses distributions, comme la seule propre à réunir tous les objets Scientifiques et Littéraires, était occupée par les Administrations de District et de Département, et par une foule d'Ouvriers employés à l'habillement des Défenseurs de

PRÉLIMINAIRE. 5

la Patrie. Les dangers qui menacèrent Marseille à cette époque, les variations dans la forme des Administrations, et plus encore la diversité d'opinion des Administrateurs, successivement élevés à cette dignité par les différentes factions, furent tout autant d'obstacles à l'arrangement des Livres et des autres Monumens précieux. Peu s'en est fallu que tous ces objets n'aient été anéantis; ils seraient péris infailliblement, si quelques amis des Arts et des Sciences n'avaient adroitement prévenu les desseins des *Barbares*, qui ne cherchaient qu'à renverser et à détruire.

Le Gouvernement s'occupait à poser les bases de l'Instruction publique. Une Commission fut nommée, à Marseille, pour dresser les inventaires de tous les objets mis en réserve; quelque temps après, les Membres de cette Commission furent chargés de la conservation de ces objets; ce sont eux qui administrent le Musée provisoirement établi à Marseille.

Quoique la Bibliothèque du Musée soit presque la seule pièce dont le Public puisse jouir actuellement, il est à propos de mettre sous les yeux de nos Lecteurs, le Plan de division du Musée, la notice des objets qui doivent le décorer, et le projet qui a reçu l'approbation des Représentans du Peuple, en mission dans le Département des Bouches-du-Rhône ; projet qui serait, depuis long-temps, sanctionné par une Loi, si les Autorités locales avaient témoigné autant d'ardeur pour le succès de cet établissement, qu'elles en ont manifesté lors de l'ouverture de la Bibliothèque du Musée.

Nous ne parlerons point ici des avantages que procurera le Musée. Le concours assidu des Citoyens de Marseille à la Bibliothèque, annonce pleinement que tous les autres Monumens des Arts seront autant d'objets capables de fixer l'attention des jeunes gens qui desirent de s'instruire.

Il est incontestable qu'il faut quelques

PRÉLIMINAIRE. 7

dépenses pour terminer la disposition des Salles ; elles ne pourront être mises dans un état convenable , tant qu'on laissera subsister d'autres établissemens dans la maison destinée au Musée. Nous avons lieu d'attendre, sans doute que le Gouvernement nous donnera les moyens de fournir aux dépenses indispensables. La protection qu'il accorde aux établissemens utiles , et la grande économie qui a toujours présidé aux opérations de l'Administration du Musée , sont des garans assurés qui flattent notre attente. Mais , nos travaux ont éprouvé des obstacles qui , sans être insurmontables, opposent encore une résistance à nos efforts, quoiqu'ils n'aient jamais pu ralentir notre zèle.

L'Administration municipale du Centre , qui fut placée provisoirement dans la maison des ci-devant Bernardines , en attendant que l'on eût disposé pour la recevoir, la maison des ci-devant Prêcheurs, qui lui a été destinée par l'Arrêté de l'Administration centrale du Département, ne paraît pas pressée de quitter le local qu'elle occupe. C'est pourtant ce retard qui nous empêche de terminer la Galerie des Tableaux : Si cette Administration s'obstine à rester dans la maison du Musée, l'on ne verra jamais les Monumens des Arts, les Chefs-d'œuvres des plus grands Maîtres, exposés à la vue des Élèves, et utilisés en faveur de nos jeunes Artistes.

Espérons que les ordres du Ministre de l'intérieur ne resteront pas sans effet ; que les Administrateurs de notre Département reconnaîtront qu'il est avantageux aux Marseillais, et à la République entière, d'avoir un Musée à Marseille, et qu'il est temps que la Municipalité du centre soit placée dans son ressort, et à portée de ses Administrés. Espérons que ceux qui ont été consultés sur la grandeur de l'édifice, destiné au Musée, ne diront plus qu'il est trop vaste ; mais qu'ils demanderont quel est le nombre des objets qu'on doit y placer,

avant

PRÉLIMINAIRE.

avant de décider quelle doit être la grandeur des Salles qui doivent les contenir.

Afin de démontrer que les Salles, destinées aux diverses collections du Musée, sont exactement telles qu'il les faut, et qu'elles ne sont pas trop vastes; afin de prouver que toute la maison est nécessaire au Musée, nous croyons devoir en donner ici une description détaillée ; c'est aux Autorités supérieures, à confirmer le choix de nos Concitoyens.

Commençons par la Bibliothèque, qui a quarante mètres de longueur et qui occupe tout l'étage supérieur de l'aile du bâtiment du Nord au Sud : On a pris pour cette seule pièce une grande partie de la maison, et certainement on ne dira pas que cette Salle soit trop vaste, puisque, malgré que nous l'ayions entièrement remplie, nous avons été obligés de placer des Livres dans de petits appartemens voisins, et que nos Brochures sont restées en tas, par le défaut d'espace.

L'aile de l'Est à l'Ouest est destinée, d'un côté, à placer les Instrumens de Physique, Mathématique, Chymie, etc. Cette Salle est terminée; elle a quatorze mètres de profondeur sur sept de largeur, ce qui n'est pas bien considérable.

La Galerie des Tableaux, qui doit être prolongée jusques au Pavillon, aura soixante-dix-huit mètres de longueur. Nous pouvons assurer que tous les Tableaux précieux n'iront pas dans cette Salle. Il faudra placer ensuite les Dessins et les Estampes; le Pavillon est destiné pour cet objet, ainsi que pour le Cabinet des Médailles, les Modèles et Ouvrages de l'Art de petit volume, antiques et modernes.

Les objets d'Histoire naturelle seront placés dans une Salle qui se trouve au-dessus de l'ancienne cuisine; sa largeur est de quinze mètres, et sa longueur de vingt. Cette dimension n'offre rien d'extraordinaire pour la collection des productions des trois règnes de la nature.

PRÉLIMINAIRE.

Voilà tout l'étage supérieur rempli : Le second étage n'existera plus, parce que le plancher sera détruit pour exhausser les Salles qui seraient trop basses pour y placer les Tableaux. La partie, qui précède les pièces occupées par la Municipalité du centre, est déjà disposée de cette manière, de même que la Bibliothèque et la Salle destinée à l'Histoire naturelle.

Il reste à parler du rez-de-chaussée ; une Salle, c'est la plus éloignée, est destinée à renfermer les instrumens aratoires. Celle qui vient après, doit servir à placer le Modèle pour les Élèves du dessin : La troisième est remplie de Bosses et de bas-reliefs : La quatrième est employée à l'École du dessin, c'est-à-dire, aux Élèves qui dessinent la figure. Vient ensuite la Salle des cours autorisés par le Ministre de l'intérieur. Au-dessous de la Bibliothèque sera une Galerie où l'on placera les grandes Figures antiques, les Tombeaux et autres monumens précieux. La porte d'entrée étant placée vis-à-vis de la rue nouvellement ouverte dans le Jardin des ci-devant Lyonnaises, l'ancienne cuisine formera la cage du premier escalier.

La ci-devant Église est destinée pour l'amphithéatre des cours de Chymie, etc. et pour les Séances publiques. Les autres appartemens dans lesquels seront logés les Administrateurs et Employés du Musée, sont les seules pièces qui restent ; encore ne pourra-t-on pas placer le Jardinier, si le Gouvernement confirme la vente qui a été faite de la petite maison qui servait de logement à celui des ci-devant Bernardines. Le Bureau des Administrateurs du Musée, placé dans la Salle des cours, sera transféré dans le chœur de la ci-devant Chapelle.

La maison des ci-devant Bernardines est dans une position avantageuse ; elle est isolée, et son jardin est dans le site le plus propice à la culture des plantes exotiques. C'est le jugement qu'en ont porté le Citoyen Thouin, Administrateur du Muséum d'Histoire naturelle, et le Citoyen Moitte, Administrateur du Musée central des Arts, pendant le séjour qu'ils firent à Marseille en l'an VI, à leur retour d'Italie, lorsqu'ils apportaient les Monumens dont la collection centrale de la République a été enrichie.

Je ne dois pas laisser ignorer aux Lecteurs que le Jardin de Botanique de Marseille ne sera pas uniquement consacré à l'instruction des habitans de cette Commune ; on sait que le Gouvernement se propose d'y établir un dépôt des Plantes et des Arbres des Pays chauds, afin de les y acclimater et de les propager ensuite dans les autres Jardins nationaux de la République. La partie exhaussée de ce Jardin doit servir à faire des essais de culture des arbres du nord, sur-tout de ceux qui sont employés pour la construction des vaisseaux.

De quel œil le Ministre de l'Intérieur aura-t-il reçu la lettre qu'une Administration de bienfaisance lui a adressée, pour lui demander qu'au lieu de faire à Marseille un

Jardin de Botanique, on emploie le local destiné pour cela, à secourir les indigens ? Comme si un Jardin de Botanique n'était pas un monument de bienfaisance : il est bien étonnant que les Citoyens qui gèrent cette Administration puissent ignorer que l'un des premiers buts de l'établissement d'un Jardin public, est de procurer gratuitement à l'humanité souffrante les végétaux qui peuvent servir à soulager les malades. Je ne me permets aucune réflexion sur le motif qui doit les avoir engagés à cette fausse démarche.

Nous savons que le voisinage de la Commune d'Aix a été un des motifs qui ont retardé la décision de l'Administration centrale du Département. Aix est le chef-lieu, l'École centrale est placée dans ses murs, on a imaginé qu'il fallait ne favoriser que cette Commune. Nous avons observé aux Administrateurs que l'École centrale d'Aix était absolument nulle pour les habitans de Marseille; et que lorsque l'École du dessin à Aix est composée de vingt à trente jeunes Élèves, celle de Marseille en compte près de deux cens. Il en est de même des autres cours : Celui d'Histoire Bibliographique et Littéraire est fréquenté par des Citoyens d'un âge mûr ; nous osons assurer que le concours sera plus nombreux dans la suite. On nous demande des leçons de Physique et de Chymie ; le manque de fonds nécessaires pour la réparation des instrumens, et pour les frais qu'entraîne ce genre d'instruction, nous empêche de satisfaire le desir de nos Concitoyens.

Nous ne releverons pas ici les sarcasmes que certains individus ont lancés contre notre établissement. Ceux qui ont osé publier, sans le savoir, que notre grande Bibliothèque n'était remplie que de Livres de Théologie ou de Droit Canonique, verront dans notre Catalogue qu'il n'en a été conservé que quelques-uns. Le plus grand nombre des habitans de Marseille a rendu plus de justice à notre zèle; la majorité voit avec satisfaction la formation du Musée. Ceux, sur-tout, qui fréquentent avec assiduité la Bibliothèque, ceux qui soupirent après l'heureux instant qui doit mettre sous leurs yeux toutes les richesses qu'on leur a conservées, ceux qui nous ont offert des monumens précieux pour augmenter nos collections, enfin tous ceux qui savent juger du mérite de cet établissement, s'uniront pour en accélérer la perfection, et le Gouvernement favorable à leurs desirs les secondera puissamment.

Depuis que la Bibliothèque publique a été ouverte, on nous a demandé le Catalogue des Livres. Nous nous hâtons de satisfaire l'empressement de nos Concitoyens à cet égard; et afin de ne rien laisser à desirer, après avoir publié le Catalogue de la Bibliothèque, nous publierons celui des Tableaux, des Estampes, des Machines, des Modèles et généralement de tous les monumens réunis dans le Musée.

Nous avons adopté, pour la confection
de

PRELIMINAIRE.

de notre Catalogue de Livres, la méthode que nous a indiquée le Citoyen François (de Neufchâteau), Ministre de l'Intérieur. Ce Protecteur des Arts a invité tous les Bibliothécaires à suivre le plan tracé par le célèbre Bacon, et développé avec plus d'étendue dans le premier Volume de l'Encyclopédie, par Diderot et d'Alembert.

Ce Système bibliographique réduit tous les Ouvrages à trois classes : l'HISTOIRE, la PHILOSOPHIE et la POÉSIE, suivant les trois facultés intellectuelles, qui sont la *Mémoire*, la *Raison* et l'*Imagination*. La Mémoire nous retrace ce qui a affecté nos sens; la Raison nous dirige dans l'étude des Sciences, et il ne faut pas oublier de dire que sous le nom générique de Philosophie, Bacon a compris toutes les Sciences et les Arts; enfin l'imagination s'écarte de l'ordre naturel, elle crée, elle invente; c'est un jeu de l'esprit.

L'Histoire est la connaissance de tous les événemens. On distingue l'Histoire civile, ou celle des hommes, de l'Histoire naturelle, qui est celle des effets de la nature ; à cette dernière est jointe l'Histoire des Arts, et on range dans la même classe l'Histoire littéraire.

La Philosophie présente l'assemblage des connaissances qu'on a acquises ; c'est l'art des recherches et des découvertes.

Enfin la Poésie, à laquelle nous joignons la Déclamation, la Peinture et la Musique, est l'imitation de la belle nature.

Nous détaillerons bientôt les sou-divisions de ces trois classes. Il faut auparavant faire connaître la méthode que nous avons employée dans notre Catalogue, à la demande de nos Concitoyens.

Une nomenclature stérile leur a paru insuffisante. Ils ont desiré que nous leur donnassions une description de l'Ouvrage dont nous désignons le titre, le lieu et la date de l'impression.

Jaloux de remplir leur attente, nous avons eu l'attention de joindre, à chaque article, une description exacte des matières contenues dans tous les Ouvrages que nous possédons ; nous en faisons connaître l'Auteur, et nous indiquons le lieu de sa naissance, et l'époque de sa mort, lorsque nous en avons connaissance ; nous avons ensuite dû présenter en fort peu de mots le jugement qui a été porté de chaque Ouvrage, et nous en indiquons les éditions les plus recherchées, et leur valeur dans le commerce. Ce travail fait de notre Catalogue un Livre élémentaire pour les Littérateurs et les Bibliographes, ou tout au moins pour ceux qui aspirent à le devenir.

On trouvera pareillement à chaque Livre le nom des anciens Possesseurs, lorsque nous les aurons connus ; et nous n'omettrons jamais d'y placer les noms des Citoyens qui auront enrichi la Bibliothèque par leur générosité.

Ce Catalogue présentera aux Littérateurs plusieurs avantages, parmi lesquels on doit apprécier celui d'établir une surveillance générale sur tous les monumens ; puisque tout Citoyen pourra s'assurer de leur existence, et se les faire représenter à tout instant. Ceux qui desireront d'augmenter nos collections, connaîtront par ce moyen les Ouvrages qui nous manquent, et ceux qui auront un Livre à consulter pourront, en parcourant le Catalogue, savoir s'il existe dans la Bibliothèque du Musée.

Enfin, pour ne rien laisser à desirer, nous joindrons à la fin de chaque Section une notice des Ouvrages qui nous manquent et qu'il serait intéressant de recueillir.

SYSTÊME COMPLET
DE BIBLIOGRAPHIE,
Suivant l'Arbre des connaissances humaines.

CLASSE PREMIÈRE,
HISTOIRE, OU LIVRES DE MÉMOIRE.

SECTION PREMIÈRE.

Prolégomènes historiques.

I. INSTRUCTIONS et Traités préparatoires à l'étude de l'Histoire.
II. Traités singuliers de l'utilité de l'Histoire.
III. Traités singuliers critiques et apologétiques pour et contre l'Histoire et les Historiens.

SECTION II.

Géographes.

I. Traités préparatoires à l'étude de la Géographie.
II. Géographes anciens et modernes.
III. Descriptions et Cartes géographiques, Atlas.
IV. Dictionnaires géographiques.

SECTION III.

Voyages et Relations.

I. Traités singuliers de l'utilité des Voyages.
II. Collections de Voyages.
III. Voyages autour du Monde.
IV. Voyages particuliers en Europe.
V. Voyages particuliers en Asie.
VI. Voyages particuliers en Afrique.
VII. Voyages particuliers en Amérique.
VIII. Voyages particuliers en divers lieux des quatre parties du Monde.
IX. Voyages imaginaires.

SECTION IV.

Chronologie, et Histoires universelles.

I. Introduction à l'étude de la Chronologie.
II. Chronologie technique.
III. Chronologie historique.
IV. Histoire universelle de tous les tems et de tous les lieux.
V. Histoire universelle de certains lieux.
VI. Journaux, Gazettes, Mercures, etc.

SECTION V.

Théogonie des différens Peuples.

I. Rits et usages Religieux des anciens en général.

II. Cérémonies des Hébreux et des Peuples orientaux.
III. Cérémonies religieuses des Grecs et des Romains.
IV. Cérémonies religieuses des Chrétiens.
V. Théologie des Juifs.
VI. Théologie des Gentils.
VII. Théologie des Chrétiens.
VIII. Théologie des Turcs.

SECTION VI.

Mythologie.

I. Mythologistes anciens et modernes.
II. Fables et Apologues.

SECTION VII.

Histoires particulières des anciennes Monarchies.

I. Histoire des Juifs.
II. Histoire des Grecs.
III. Histoire des Romains.
IV. Histoire Byzantine.

SECTION VIII.

Histoire moderne d'Europe.

I. Histoire d'Italie.
II. Histoire de France.

III. Histoire d'Allemagne.
IV. Histoire des Pays-bas.
V. Histoire de Lorraine.
VI. Histoire de la Suisse et de Genève.
VII. Histoire d'Espagne et de Portugal.
VIII. Histoire d'Angleterre.
IX. Histoire des Pays septentrionaux.

SECTION IX.

Histoire moderne des Pays situés hors de l'Europe.

I. Histoire orientale générale.
II. Histoire des Arabes, des Sarrasins et des Turcs.
III. Histoire d'Asie.
IV. Histoire d'Afrique.
V. Histoire d'Amérique.

SECTION X.

Histoire de l'Église chrétienne.

I. Histoire universelle de l'Église.
II. Histoire particulière des Églises Grecque et Latine.
III. Histoires des Papes et des Cardinaux.
IV. Histoire des Ordres religieux et militaires.
V. Histoire des Martyrs.
VI. Histoire des Églises d'Orient, gouvernées par des Patriarches.
VII. Histoire des Églises réformées d'Occident.
VIII. Histoire des Fanatiques.

IX. Histoires des Inquisitions.
X. Histoires des Préjugés.

SECTION XI.

Histoire des Progrès de l'industrie.

I. Commerce.
II. Finances.
III. Architecture.
IV. Arts relatifs aux Alimens, Habillemens, etc.

SECTION XII.

Histoire naturelle.

I. Introductions à l'Histoire naturelle.
II. Histoire naturelle générale. Ouvrages tant anciens que modernes.
III. Histoire naturelle des Élémens.
IV. Histoire naturelle des Minéraux, Métaux et Eaux minérales.
V. Histoire naturelle des Fontaines, Rivières et Fleuves.
VI. Histoire naturelle des Plantes, Arbres, Fruits et Fleurs.
VII. Histoire naturelle des Oiseaux.
VIII. Histoire naturelle des Quadrupèdes.
IX. Histoire naturelle des Poissons.
X. Histoire naturelle des Coquillages.
XI. Histoire naturelle des Insectes.

XII. Histoire naturelle des Pétrifications.
XIII. Histoire naturelle de l'Homme.
XIV. Histoire naturelle des Monstres.
XV. Mélanges d'Histoire naturelle. Cabinets de curiosités de la nature et de l'art.

SECTION XIII.

Histoire littéraire.

I. Histoire des Lettres.
II. Histoire des Langues.
III. Histoire des Sciences.
IV. Histoire des Arts.
V. Histoire des Académies, Universités et Collèges.

SECTION XIV.

Biographie.

I. Vies des Hommes illustres Grecs et Romains.
II. Vies des Saints et Saintes.
III. Vies des illustres Français.
IV. Vies des Modernes des Pays étrangers.
V. Extraits des Historiens.
VI. Dictionnaires historiques.

CLASSE SECONDE.

PHILOSOPHIE, OU LIVRES DE LA RAISON.

SECTION PREMIÈRE.

Métaphysique et Logique.

I. Philosophes anciens et modernes.
II. Cours de Philosophie.
III. Logique et Dialectique.
IV. Traités généraux de Métaphysique.
V. Traités particuliers de Dieu et des Esprits.
VI. Traités de Magie et de Sortilèges.
VII. Théologie scholastique et dogmatique.

SECTION II.

Grammaire.

I. Traités généraux de Grammaire.
II. Grammaires et Dictionnaires en différentes Langues.
III. Hiéroglyphes.
IV. Écriture, Stéganographie.
V. Gravure et Typographie.

SECTION III.

Polygraphie et Critique.

I. Philologie, Sentences, et bons mots.
II. Polygraphes anciens et modernes.
III. Dialogues.
IV. Épistolaires.

SECTION IV.

Morale.

I. Moralistes anciens et modernes.
II. Théologie morale.
III. Traités des Vices et des Vertus.
IV. Morale publique, Éducation.
V. Économie.
VI. Politique.

SECTION V.

Législation.

I. Droit de la Nature et des Gens.
II. Droit civil Romain.
III. Droit Français.
IV. Droit étranger.
V. Droit canonique.

SECTION VI.

Mathématiques.

I. Traités généraux des Propriétés des Corps.
II. Mathématiques pures.
III. Arithmétique et Algèbre.
IV. Géométrie.
V. Mécanique rationelle.

SECTION VII.

Physique.

I. Physique générale.
II. Mécanique physique.
III. Hydrostatique.
IV. Hydrodinamique.
V. Optique.
VI. Astronomie.
VII. Calendrier, Sphère.
VIII. Astrologie.
IX. Gnomonique.
X. Acoustique.
XI. Chimie.
XII. Alchimie.

SECTION VIII.

Médecine.

I. Anatomie humaine et comparée.
II. Physiologie animale.

SYSTÊME

III. Pathologie.
IV. Hygiène et Thérapéutique.
V. Traités généraux de Médecine.
VI. Chirurgie.
VII. Pharmacie.
VIII. Médecine vétérinaire.

SECTION IX.

Botanique et Agriculture.

I. Anatomie et Physiologie végétale.
II. Agriculture.

SECTION X.

Calcul des Probabilités, ou Analyse des hazards.

CLASSE TROISIÈME.

POÉSIE OU LIVRES D'IMAGINATION.

SECTION PREMIÈRE.

Poésie chantée et déclamée.

I. Traités généraux sur la Poésie.
II. Traités particuliers sur l'Art poétique.
III. Poëtes Grecs anciens.

IV. Poëtes Latins anciens.
V. Poëtes Grecs et Latins modernes.
VI. Poëtes Français.
VII. Poëtes étrangers.
VIII. Poésie prosaïque.
IX. Musique.

SECTION II.

Peinture.

I. Dessin.
II. Peinture.
III. Catalogue de Tableaux.
IV. Sculpture.
V. Décorations théatrales.

N. B. Les Livres étant placés dans la Bibliothèque par ordre de formats, nous avons suivi la même méthode dans le Catalogue ; ainsi l'on trouvera tous les *in-folio* de suite, ensuite les *in-*4°, et enfin, les *in-*8°, *in-*12 et *in-*16, etc.

A la fin de chaque année, nous publierons un Supplément, qui renfermera le Catalogue des Livres qui auront été donnés à la Bibliothèque, ou achetés pour la compléter.

L'Histoire Bibliographique, ou la connaissance des Livres nous a toujours paru devoir être rangée dans un ordre séparé ; c'est proprement l'introduction à la Bibliothèque.

SYSTÊME DE BIBLIOGRAPHIE.

Nous avons donc placé tous les Bibliographes dans le Cabinet de notre Bibliothèque, et nous en donnerons la nomenclature à la tête de notre Catalogue. Quoique cette partie soit très-conséquente, elle n'est pas aussi nombreuse que nous le desirerions ; nous tâcherons de l'augmenter, dès que nous en aurons les moyens.

Nous divisons la Bibliographie en huit parties.

La première comprend les Livres qui traitent des Bibliothèques, de leur arrangement, etc.

2°. Viennent ensuite les Bibliographes généraux.

3°. Les Bibliographes périodiques, et les Journaux littéraires.

4°. Les Bibliographes Ecclésiastiques.

5°. Les Bibliographes nationaux.

6°. Les Professionaux.

7°. Les Catalogues des Bibliothèques publiques, ou particulières.

8°. Les Catalogues des Libraires.

Nous suivrons dans cette Introduction le même ordre que dans le reste de l'ouvrage.

INTRODUCTION

INTRODUCTION
AU CATALOGUE
DE LA BIBLIOTHÈQUE.

BIBLIOGRAPHIE.

TRAITÉS GÉNÉRAUX

De Bibliographie, in-fol..

1. BIBLIOTHECA orientalis Clementino-Vaticana in quâ manuscriptos codices Syriacos, Arabicos, Persicos, Turcicos, Hebraicos, Samaritanos, Armenicos, Æthiopicos, Græcos, Ægyptiacos, Ibericos et Malabaricos, jussu et munificentiâ Clementis XI, Pontificis maximi, ex oriente conquisitos, comparatos, avectos et Bibliothecæ Vaticanæ addictos, recensuit, digessit, et genuina scripta à spuriis secrevit, additâ singulorum Auctorum vitâ JOSEPH-SIMONIUS ASSEMANUS, Syrius maronita. *Romæ, typis propagandæ,* 1719 *et annis sequentibus.* in-fol. 4 vol.

Le premier volume traite des Écrivains orthodoxes de la Syrie, le second des Auteurs Syriens monophysites, c'est-à-dire qui n'admettent qu'une seule nature dans le verbe. Le troisième et le quatrième traitent des Écrivains Nestoriens de la Syrie. Le grand nombre de passages, extraits des Manuscrits en Langues orientales, qui se trouvent dans cet Ouvrage le rendent précieux.

Joseph-Simon Assemanus était Syrien de nation, et Garde de la Bibliothèque du Vatican. Il ne faut pas le confondre avec Étienne Evode Asseman son neveu, dont nous aurons occasion de parler dans la suite.

Il ne faut pas oublier de dire que dans la Bibliothèque d'Assemanus l'oncle, on trouve un Catalogue très-exact des Discours de S. Ephrem, de toutes les Éditions, même des Versions latines et des Manuscrits, tant Grecs que Syriaques de ce Pere de l'Église, qui existent dans les Bibliothèques publiques de l'Europe et de l'Asie. Le Dictionnaire historique a omis cet Auteur, qui y méritait une place distinguée par ses connaissances profondes dans les Langues anciennes.

Nous avons encore de cet Écrivain d'autres Ouvrages, dont nous ferons mention en leurs places respectives.

L'exemplaire de celui-ci vient de la Bibliothèque du petit Séminaire de Marseille. Nous l'évaluons 48 francs ; il est en très-bon état, et rélié en veau.

2. Catalogus codicum Mss. Bibliothecæ Mediceæ Laurentianæ, varia continens opera Græcorum Patrum sub auspiciis Franscisci Imperatoris semper augusti ANGELUS-MARIA BANDINIUS, juris utriusque Doctor, ejusdem Bibliothecæ regius Præfectus recensuit, illustravit, edidit. Plura accedunt anecdota, pleraque latinè reddita. *Florentiæ, typis Cæsareis*, 1764, *in-fol.* grand format.

Cet Exemplaire nous vient de la Bibliothèque des Minimes de

BIBLIOGRAPHIE.

Marseille; il leur avait coûté 30 francs. On trouve à la fin du Volume une souscription latine, qui nous apprend que cet Ouvrage a été mis sous presse le 24 Juillet 1760, et terminé le 2 Janvier 1764, par ordre de l'Empereur François I. A la tête est le portrait de Bandini, Chanoine de Saint - Laurent et Bibliothécaire. Il avait trente-cinq ans en 1762.

Ce Savant, qui était de l'Académie de Florence, a donné d'autres Ouvrages qui sont recherchés. Dans celui-ci on trouve une quantité d'extraits grecs et latins des Manuscrits de la Bibliothèque célèbre dont il avait la direction.

BIBLIOGRAPHES GÉNÉRAUX, *in-fol.*

3. PHOTII Myriobiblon, sive Bibliotheca librorum quos legit et censuit PHOTIUS, Patriarcha Constantinopolitanus, Græcè et Latinè, ex editione Græcâ Davidis Hoeschelii, cum illiûs et Andreæ Schotti notis et istiûs latinâ versione. *Rothomagi, Berthelin*, 1653. *in-fol.*

Photius, Patriarche de Constantinople, vivait au neuvième siècle; il était Grammairien, Poëte, Orateur, Critique, Mathématicien, Médecin et Astronome. Il étudia ensuite la Théologie, et se fit nommer au Patriarchat à la place d'Ignace qui avait été déposé en 857. Après avoir été successivement chassé de ce Siège, et y avoir été retabli; après avoir éclaté contre la croyance de l'Église de Rome qu'il traita d'hérétique, il mourut en 891, dans un monastère d'Arménie, où il avait été renfermé. C'était, dit *Fleury*, le plus grand esprit et le plus savant homme de son siècle, mais c'était un parfait hypocrite, agissant en scélérat, et parlant en Saint.

Sa Bibliothèque est un des plus précieux monumens de littérature qui nous soit resté des tems anciens. On y voit des extraits des Auteurs qui ne se trouvent plus. Ce Livre utile, qui est la plus ancienne des Bibliothèques raisonnées, n'est pas écrit à la fin avec la précision que l'on distingue dans le commencement. La différence de style a fait croire qu'il n'était pas tout entier de la même main.

Quoiqu'il en soit, l'édition recherchée est celle que nous citons ici. Elle a été faite sur celle de 1606 de Paris, qui est remplie de fautes. André Schott fit sa Version latine, sur l'Édition grecque que nous en avions de David Hoeschelius.

Debure, dans sa Bibliographie, a commis une erreur dans le titre de cet Ouvrage, lorsqu'il a dit : *ex versione Davidis Hoeschelii*. Il semble que Hoeschelius a été le Traducteur, tandis qu'il n'est que l'Éditeur du texte Grec.

Ce Livre vaut 18 francs ; il nous vient des ci-devant Minimes de Marseille.

4. BIBLIOTHEKE TOU PHOTIOU. Librorum quos legit Photius Patriarcha excerpta et censuræ, quatuor Manuscriptis codicibus ex Græciâ, Germaniâ, Italiâ, Galliâ collatis, D A V I D H O E S C H E L I U S, Augustanus, primus edidit, notis in quibus multa veterum fragmenta antehàc inedita, illustravit. *Augustæ Vindelicorum*, ad insigne Pinus, 1601.

Cette première Édition en Grec de la Bibliothèque de Photius, imprimée chez Jean Prétorius, à Ausbourg, est due aux soins de David Hoeschelius, et c'est sur celle-ci qu'a été faite la précédente.

David Hoeschelius, Bibliothécaire d'Ausbourg sa Patrie, mort dans cette place en 1617, à l'âge de soixante-deux ans, a fait imprimer les Manuscrits les plus précieux de la Bibliothèque, dont il avait la direction, afin de répandre des Écrits, qui sans cela restaient enfouis pour le Public, et ne pouvaient être utiles qu'à très-peu de savans. Les notes, dont il a enrichi ses éditions, font connaître son érudition.

Le Livre, cité sous ce numéro, vient encore de la Bibliothèque des ci-devant Minimes de Marseille. On ne l'estime que 4 à 5 francs.

André Schott, né à Anvers en 1552, était Jésuite et Professeur d'éloquence à Rome. Il mourut en 1629. Sa Traduction de Photius parut à Paris en 1686, comme nous l'avons dit : mais elle était remplie de fautes que l'on a corrigées dans l'Édition de Rouen.

BIBLIOGRAPHES ECCLÉSIASTIQUES, *in-fol.*

5. Scriptorum Ecclesiasticorum Historia litteraria à Christo nato ad sæculum XIV facili methodo digesta, quâ de vitâ illorum ac rebus gestis, dogmatibus, etc. agitur, Auctore GUILLELMO CAVE. *Londini*, *Richard Chiswell*, 1688, 1 volume *in-fol.*

6. GUILIELMI CAVE, SS. Th. Pr. Canonici Windesor. Scriptorum Ecclesiasticorum Historia litteraria, etc. Editio novissima. *Genevæ*, *Chouet*, *Detournes*, *Cramer*, 1705, *grand in-fol.*

Voilà deux Éditions que nous avons d'un célèbre Bibliographe. Debure cite l'édition d'Oxford de 1740, en 2 volumes *in-folio*, qui est en effet la plus belle. Mais il a fait deux fautes dans le titre : Premièrement on lit *Historia in quo* ; au lieu d'*in quâ*. 2°. Il ne donne que le titre d'Éditeur à Guillaume Cave, quoiqu'il soit l'Auteur de l'Ouvrage, et qu'il fût mort depuis près de trente ans, lorsque cette édition parut.

Cave était Chanoine de Windsor ; il avait été auparavant Curé d'Islington, près de Londres : il mourut avancé en âge, le 4 Août 1713. Son Histoire littéraire des Auteurs Ecclésiastiques fait honneur à son érudition. L'Édition de Londres que nous possédons est la première. Celle de Genève n'est pas citée, et celle d'Oxford, que nous n'avons pas, est plus précieuse, en ce qu'elle contient des corrections et des additions de l'Auteur, qui furent fournies à l'Éditeur par ses héritiers. On y trouve aussi une Apologie de Cave contre le Clerc. Cet Ouvrage est précieux par ses recherches ; on convient que la critique n'y est pas toujours sûre ; mais le style en est clair, net et coulant. L'édition Anglaise nous vient du petit Seminaire de Marseille ; elle vaut 12 francs. Celle de Genève ne vaut guère que 3 à 4 francs. Nous l'avons trouvée dans la Bibliothèque de l'Oratoire, de la maison de Ste. Marthe de Marseille.

On a ajouté à cette Édition trois Dissertations de Guillaume Cave, qui ne se trouvent pas dans la première Édition. En voici les titres :

1. De Scriptoribus ecclesiasticis incertæ ætatis.
2. De Libris et Officiis ecclesiasticis Græcorum.
3. De Eusebii Cæsariensis arianismo adversùs Joannem Clericum.

7. Scriptores ordinis Minorum, quibus accessit syllabus illorum qui ex eodem ordine pro fide Christi fortiter occubuerunt : priores atramento, posteriores sanguine christianam Religionem asseruerunt. Recensuit F. LUCAS WADDINGUS, ejusdem

BIBLIOGRAPHIE.

instituti Theologus. *Romæ , F. Albertus Tanus ,* 1650 *, in-fol.*

Luc Wading, Irlandais, était Cordelier ; il se fixa à Rome, où il mourut en 1655. La Bibliothèque des Frères mineurs n'est pas toujours exacte. On y trouve des Auteurs qui n'ont jamais été Cordeliers. Cet Ouvrage est cependant utile, et cité dans les Auteurs qui sont venus après Wading. L'ordre alphabétique de ce Livre en fait une espèce de Dictionnaire. On trouve ensuite les Tables des noms des Auteurs, des Nations et des Ouvrages dont il est fait mention dans cette Bibliothèque. Un autre Cordelier, nommé François Harold a continué et corrigé la Bibliothèque de Wading.

L'Exemplaire, que nous avons, appartenait à la Chartreuse de Marseille. On sait que ce Livre est compris au nombre de ceux qui ne se trouvent que difficilement, et que sa valeur dans le commerce, ou plutôt dans les ventes, a été portée de 18 à 40 francs. Nous évaluons le nôtre 24 francs. Il est en bon état, quoique couvert d'une peau de mouton, déjà à demi usée.

8. Bibliotheca Carmelitana, notis criticis et dissertationibus illustrata : curâ et labore uniûs è Carmelitis Provinciæ Turoniæ collecta. *Aurelidnis, Touret de Villeneuve ,* 1752 *, in-fol.* 2 Tom. en 1 vol.

Côme Devilliers, appellé dans la religion, *Côme de St. Etienne*, est l'Auteur de cette Bibliothèque. Ce Carme était né à St Denis en France, le 8 Septembre 1683 ; il étudia les humanités à Paris, au Collège d'Harcourt ; il fit profession à Tours, le 19 Juin 1701, d'où il fut envoyé à Paris au Couvent des Billetes ; et un an après, il fut placé dans un Monastère des Carmes en Bretagne, où il étudia pendant sept ans la Philosophie et la Théologie. Depuis 1709 jusques en 1727, il professa ces deux sciences en différentes maisons de son ordre. Enfin s'étant presque fixé à Orléans, il y remplit successivement plusieurs charges jusques à celle de Définiteur de sa Province. En 1741, il fut nommé Doyen de l'Académie d'Orléans ; la Bibliothèque qu'il a publiée a été composée sur celle que le P. Louis Jacob, dont il a écrit la vie, avait dressée et laissée manuscrite au Couvent des Billettes.

Cet Ouvrage est dédié au Cardinal de Rovère. Après l'Épitre dédicatoire, l'Auteur a placé des notes sur les Cardinaux, protecteurs de l'Ordre des Carmes. Vient ensuite une Préface fort longue, et qui est savante. Après la Préface, on trouve une Dissertation sur l'origine de la Vie monastique, dans laquelle Élie ne manque pas de figurer comme Fondateur des Carmes. L'Auteur mourut au milieu du dix-huitième siècle. Son Ouvrage est excellent, mais il y a des fautes typographiques sans nombre ; c'est à quoi les lecteurs doivent faire beaucoup d'attention. Le deuxième Tome commence au milieu de la lettre J.

Notre exemplaire vient du Couvent supprimé des Grands-Carmes de Marseille. Il vaut 15 francs.

9. Bibliotheca Scriptorum ordinis Minorum Capuccinorum, retexta et extensa à F. BERNARDO à BONONIA, ibidem S. Theologiæ Lectore Capuccino : quæ priùs fuerat à P. DIONYSIO GENUENSI, ejusdem ordinis concionatore contexta ; ad SS. PP. Benedictum XIV Pontif. opt. max. *Venetiis, Sebastianus Coleti*, 1747, *in-folio.*

10. Bibliotheca Scriptorum ordinis minorum S. Francisci Capucinorum, à F. DIONYSIO GENUENSI, ejusdem ordinis Professore contexta. In hâc secundâ Editione accuratiùs coordinata et ultrà ducentorum Scriptorum elucubrationibus locupletata et aucta

accedit

accedit Catalogus omnium Provinciarum Conventuum, Missionum, ac Religiosorum qui sunt in unâquâque Provinciâ, prout numerabantur in Capitulo generali 1685. Ad illustrissimum ac reverendissimum D. D. Jo. Hyeronimum de Auria, Episcopum Nebiensem. *Genuæ*, *Jo. Bapt. Scionicus*, 1691, *in-fol.*

Voilà deux éditions de la Bibliothèque des Capucins. La plus ancienne donnée par Denys de Gênes, mort dans son pays natal en 1695, à l'âge de cinquante-neuf ans, est une réimpression *in-folio*, d'un Ouvrage qui était d'abord paru *in-4°.* en 1680. La seconde Édition, que nous avons *in-folio*, est due aux soins d'un autre Capucin, nommé Bernard de Bologne, qui augmenta l'Ouvrage de son confrère Denys.

On verra dans ce Livre que les Capucins ont eu des sujets distingués dans leur ordre. A la vérité, il en est qui ont écrit des Ouvrages qu'un homme raisonnable ne saurait lire, mais il en est tant d'autres qui ont illustré leur ordre, que l'on doit pardonner les écarts littéraires des premiers.

Ce qui rend cet Ouvrage recommandable, c'est la Table des matières, par ordre de facultés ; dans la Table des Auteurs qui sont rangés suivant les Provinces de l'Ordre, on compte trente-cinq Provençaux, dont deux sont de Marseille.

Ces deux Volumes, dont l'un vient des Capucins de Marseille, l'autre de ceux de la Ciotat, valent 3 frans chacun.

BIBLIOGRAPHES NATIONAUX, *in-folio.*

11. Bibliothèque historique de la France, par le P. JACQUES LE LONG. *Paris Osmont*, 1719, *in-fol.*

F

BIBLIOGRAPHIE.

12. Bibliothèque historique de la France, contenant le Catalogue des Ouvrages imprimés et Manuscrits qui traitent de l'Histoire de France, ou qui y ont rapport ; avec des notes critiques et historiques : par feu JACQUES LE LONG, Prêtre de l'Oratoire, Bibliothécaire de la maison de Paris. Nouvelle édition, revue, corrigée et considérablement augmentée par M. FEVRET DE FONTETTE, Conseiller au Parlement de Dijon. *Paris, Jean Thomas Hérissant*, 1768, *et an. suiv.* 5 *vol. in-folio*.

Le P. Jacques le Long, né à Paris le 19 Avril 1665, entra dans l'Oratoire en 1686, et fut ordonné Prêtre trois ans après. Nommé Bibliothécaire de la maison de l'Oratoire, rue St. Honoré, il exerça cette fonction pendant vingt-deux ans, et mourut en 1721, le 13 Août, d'une maladie de poitrine, occasionnée par l'excès du travail. Recommandable par l'innocence de ses mœurs, et par la grande connaissance qu'il avait des Langues anciennes et modernes, il composa plusieurs Ouvrages, dont on trouve le Catalogue au commencement du premier Volume de sa Bibliothèque. Celui qui lui fit le plus d'honneur chez les étrangers, fut le *Bibliotheca sacra*, imprimé, pour la premiere fois, à *Paris* chez *Pralard*, en 2 vol. in-8°. 1709. Sa Bibliothèque historique de la France étendit sa réputation : C'est un Ouvrage d'un mérite et d'un travail singulier. Mais comme c'est un livre fait à la hâte, puisque l'Auteur ne mit que trois années à le composer, et que dans cet intervalle de temps, il le transcrivit au moins trois fois ; il s'y était glissé un grand nombre de fautes, de l'aveu même de l'Auteur. Il pria son confrère, le Pere Desmolets, de donner une seconde édition dont il avait préparé les matériaux. Mais cela n'ayant pas été exécuté, Fevret de Fontette demanda au P. Jaunart,

BIBLIOGRAPHIE. 43

Bibliothécaire de la maison St. Honoré, les Manuscrits du P. le Long. Il se procura encore l'exemplaire qui avait appartenu à l'Auteur, et qui était surchargé de notes sur les marges. Ces recherches, jointes à celles qu'avait faites cet infatigable Auteur, qui possédait un Cabinet des mieux assortis en Ouvrages sur l'Histoire de France, et les divers renseignemens que les savans s'empressèrent de lui procurer ont fourni la matière de cinq Volumes *in-folio*, dont le mérite est bien connu. Les Tables des Auteurs et des matières, les Catalogues d'estampes, et le Recueil des Costumes anciens achèvent de rendre cet Ouvrage précieux. Il serait à desirer que l'on publiât un sixième Volume, qui renfermât tout ce qui a été publié depuis l'impression de cet Ouvrage ; et que chaque année, il parût une notice des Livres imprimés en France, ou qui ont rapport à son Histoire. Cette nouvelle Édition a dû faire tomber la première qui ne vaut guère que cinq à six francs. On vend la dernière Édition vingt quatre francs le Volume. Quand elle est en grand papier, elle est très-chère ; on la vendue jusqu'à quatre cent quatre-vingt francs. Il est vrai qu'on croit qu'il n'en a été tiré que deux exemplaires en grand papier d'Hollande. L'Exemplaire de la premiere Édition vient de la Bibliothèque des ci-devant Oratoriens. Celui de la seconde nous fut apporté de la maison qu'occupait un Représentant du Peuple en mission à Marseille, chez lequel on avait déposé des Livres, sans indication des noms des anciens Propriétaires.

Charles-Marie Feyret de Fontette (et non pas *Ferret*, comme le porte le Dictionnaire de Cailleau), né à Dijon en 1710, mourut dans cette Ville en 1772, étant Directeur de l'Académie. L'Éditeur de la Bibliothèque du P. le Long, augmentée par ce savant, est Barbeau de la Bruyere, auquel il avait remis son Manuscrit dès l'année 1764. L'Auteur ne vit publier que les deux premiers Volumes. Le Dictionnaire de Cailleau, ou plutôt de l'Abbé Duclos, imprimé en 1790, chez Cailleau, en 3 volumes, ne se contente pas de défigurer le nom de l'Auteur ; il change encore celui de l'Éditeur qu'il nomme *Barbant de la Bruyere*. Cependant cet Auteur est assez connu : Il publia, en 1759, une *Mappemonde historique*. Il fit imprimer les *Tablettes chronologiques* de Lenglet Dufresnoy : *la Géographie* de la Croix ; et il publia une Traduction de la *description de la Russie*, écrite en Allemand par le Baron de Stralemberg. Barbeau est mort en 1781, âgé de soixante et onze ans, avec la réputation bien méritée d'un homme instruit dans la Géographie, la Chronologie et l'Histoire.

13. Bibliothèque des Auteurs de Bourgogne ; par feu M. l'Abbé Papillon, Chanoine de la Chapelle-au-Riche de Dijon. *Dijon, Marteret, 1742 et 1745, 2 tomes en 1 volume, in-folio.*

Il serait à desirer que chaque Province de la France eût une Bibliothèque des Auteurs qui y ont vu le jour. Ce travail pourrait être fait plus aisément aujourd'hui dans chaque Département. On tirerait de l'oubli un grand nombre d'Auteurs, dont on ignore même le nom ; et la réunion de ces différentes Bibliothèques serait d'un grand secours pour l'Histoire littéraire générale de la France.

Philibert Papillon, né à Dijon, le 1 Mai 1666, membre de l'Académie de sa Patrie, et Chanoine de la Chapelle-au-Riche, s'adonna tout entier à la littérature. Le Président Bouhier, qui entretenait avec lui une correspondance suivie, le porta à publier une Bibliothèque des Auteurs de Bourgogne. Il n'entreprit ce grand et pénible travail, qu'après avoir parcouru toutes les Bibliothèques de son Pays, telles que celles de Citeaux, de Cluny, de la Ferté, etc. Il mourut à Dijon à l'âge de soixante et onze ans, le 23 Février 1738. Outre sa Bibliothèque, on a de lui la Vie de *Charles Fevret*. 2°. Celle de *Philibert Collet*. 3°. Une *Dissertation*, pour prouver que l'Auteur de la Chronique de S. Benigne de Dijon est un Religieux anonyme. 4°. Une autre Dissertation sur les Ouvrages de Claude Mignaut. 5°. Une troisième *Dissertation* sur le tems auquel on a introduit dans la Typographie l'y et l'v consonnes. 6°. *La Vie de Pierre Abélard.* 7°. *Celle de Jacques Amyot.* 8°. Il a fourni des matériaux au P. le Long, pour son *Bibliotheca sacra*, et pour la Bibliothèque historique de la France 9°. Enfin, il composa un voyage de Bourgogne, qui est resté manuscrit.

Cet Auteur n'a pas publié sa Bibliothèque, c'est Papillon de Flavignerot, son neveu, Maître en la Chambre des Comptes de Dijon, qui en est l'Éditeur. Quoique la critique ait publié que l'on trouvait dans cet Ouvrage beaucoup de discussions minutieuses, on s'accorde à le regarder comme un excellent Livre, et l'on s'apperçoit aisément que celui qui le composa, avait un grand fonds de littérature et des connaissances très-étendues. Le cas que faisaient de lui le Président Bouhier, la Monnoye et Oudin fait assez l'éloge de ses talens.

Cette Bibliothèque est par ordre alphabétique. On y lira toujours avec intérêt les articles de Bernard de la Monnoye, de Claude Saumaise, de Nicolas Vignier, et de quelques autres illustres personnages.

Notre exemplaire vient de la maison du petit séminaire de Marseille. Nous l'évaluons 18 francs, quoique le Dictionnaire de Cailleau le mette à un prix beaucoup inférieur. Osmont en porte la valeur de 20 à 25 francs; ce qui est un peu trop.

14. Bibliotheca Arabico - Hispana Escurialensis sive librorum omnium manuscriptorum quos Arabicè ab Auctoribus magnam partem Arabo-Hispanis compositos Bibliotheca Cænobii Escurialensis complectitur, recensio et explanatio; operâ et studio MICHAELIS CASIRI, Syro-Maronitæ, Præsbyteri, S. Theologiæ Doctoris, Regis à Bibliothecâ, linguarumque orientalium interpretatione : Caroli

III, Regis auctoritate atque auspiciis edita. Tomus prior. *Matriti , Antonius Perez de Soto ,* 1760, *in-folio.*

C'est ici le premier volume de la Bibliothèque des Manuscrits de l'Escurial, écrits en Arabe. Aria Montanus, qui fut le premier chargé de la direction de la Bibliothèque de l'Escurial, et après lui, Joseph de Siguenza et David Colvillus, Écossais, qui lui succedèrent, avaient dressé des Catalogues manuscrits, qui périrent à l'incendie qui ravagea cette Bibliothéque en 1671. Jean-Henri-Hottinger parle d'un autre Catalogue, dressé par Castillus, qui fut également en partie consumé par les flammes.

Michel Casir a voulu réparer ces pertes en publiant le Catalogue dont nous possédons le premier volume. Il est impossible de donner une analyse de cet Ouvrage ; nous nous contenterons d'apprendre à nos Lecteurs que ce Volume contient les Grammairiens, les Orateurs, les Poëtes, les Philologues et les Mélanges ; les Dictionnaires, les Philosophes, les Politiques, les Médecins, l'Histoire naturelle, la Jurisprudence et la Théologie.

Le second Volume doit contenir la Géographie et l'Histoire.

Cet Ouvrage important fut commencé par les ordres de Ferdinand VI, et n'a été achevé que sous Charles III.

BIBLIOGRAPHES SIMPLES.

Catalogues de différentes Bibliothèques , in-folio.

15. Bibliothecæ Josephi Renati Imperialis, Cardinalis, Catalogus secundùm auctorum cognomina, ordine alphabetico dispositus, unà cum altero Catalogo scientiarum et artium. *Romæ, Gonzaga,* 1711, *in-folio.*

BIBLIOGRAPHIE. 47

Le Catalogue du Cardinal Joseph René Impériali, né à Gênes en 1651, et mort à Rome en 1737, a été recherché par les Bibliographes. C'est une Table alphabétique des Auteurs ; mais une seconde Table par ordre de matières facilite le Lecteur dans ses recherches.

Ce Catalogue a été publié par JUSTE FONTANINI, Archevêque d'Ancyre et Chanoine de Ste. Marie majeure, né au Duché de Frioul en 1666, et mort à Rome en 1736 ; Auteur du *Bibliotheca della eloquenza Italiana*, Ouvrage cité, et qui annonce les travaux et les connaissances de Fontanini.

La Bibliothèque d'Imperiali nous vient des ci-devant Dominicains. Elle vaut 20 francs.

16. Bibliotheca Telleriana, sive Catalogus Librorum Bibliothecæ illustrissimi ac reverendissimi D. D. Caroli-Mauritii le Tellier, Archiepiscopi ducis Remensis, primi Franciæ Paris, etc. *Parisiis, typ. Reg. 1693, in-fol.*

Debure n'a pas fait mention de ce Livre dans sa Bibliographie. En le citant dans le Catalogue de Gaignat, sous le N°. 3455, il l'attribue à Nicolas Clément, Garde des Livres imprimés de la Bibliothèque du Roi. Il a bonnement copié cette faute dans le Catalogue de la bibliothèque de Bulteau, disposé par Gabriel Martin, et publié en 1711, en 2 volumes.

L'Auteur du *Bibliotheca Telleriana* est PHILIPPE DU BOIS, né au Diocèse de Bayeux, et mort en 1703 ; Docteur de Sorbonne et Bibliothécaire de l'Archevêque le Tellier. Cet Auteur a encore donné au public une Édition de Tibulle, Catulle et Properce, en 2 volumes *in-8°.* en 1685, *ad usum Delphini*, et une Édition *in-fol.* de Maldonat, en 1677.

La Bibliothèque de cet Archevêque passa en entier, après sa mort, dans celle de Ste. Geneviève, à laquelle elle était léguée : Il y avait plus de cinquante mille volumes.

On voit, à la tête de notre Exemplaire, le portrait de le Tellier, gravé par Edelink, d'après Mignard; ce Livre nous vient de l'Oratoire; il vaut 18 francs. Quoique le Dictionnaire de Cailleau le déprécie singulièrement, il ne peut s'empêcher de convenir qu'il a été vendu jusqu'à 25 francs; et nous apprendrons à nos Lecteurs, que l'Exemplaire de l'Abbé Rive, couvert de velin, fut porté à la vente de ses Livres à 18 francs.

Voilà l'énumération de tous les Bibliographes IN-FOLIO, que nous possédons. Voici la liste de ceux qui nous manquent.

1°. Prodromus Historiæ PETRI LAMBECII; accedunt Alexandri Fichetti arcana Studiorum Methodus et Bibliotheca Scientiarum, nec-non Wilhelmi Langii librorum Mss. Bibliothecæ medicæ Catalogus; studio Joannis Alberti Fabricii. *Lipsiæ*, 1710, *in-fol.*

L'Éditeur a joint à cet Ouvrage l'*Iter Cellense* de Lambecius, qui avait été imprimé à part. C'est le Journal du voyage que l'Empereur Léopold fit au Monastère de Marien-Kell dans la haute Stirie en 1665. On y trouve des réflexions curieuses qui ne contribuent pas peu à enrichir l'Histoire littéraire.

2°. Ejusdem LAMBECII commentariorum de augustissimâ Bibliothecâ Cæsareâ Vindobonensi libri viij cum figuris æneis. *Vindobonæ*, *Cosmerovius*, 1665 *et seq.* 8 Tomes réliés ordinairement en 6 volumes. *Il faut y joindre* : DANIELIS DE NESSEL Breviarium et Supplementum Commentariorum Lambecianorum, sive Catalogus Manuscriptorum

codicum

BIBLIOGRAPHIE. 49

codicum græcorum Bibliothecæ Cesareæ Vindobonensis. *Vindobonæ* et *Norimbergæ*, *Voigt* et *Endterus*, 1690, 6 Tomes réliés en 2 vol. *in-fol.* fig.

Ces deux Ouvrages sont évalués de 300 à 350 francs.

3°. Catalogue de la Bibliothèque du Roi (par SALLIER, BOUDOT, et autres.) *Paris*, Imp. Roy. 1739 *et suiv.* Il y a 10 volumes de ce Catalogue. Prix 120 francs.

4°. Bibliotheca Coisliniana, olim Seguieriana sive Mss. omnium Græcorum quæ in eâ continentur accurata descriptio. Accedunt anecdota multa, etc. studio et operâ BERNARDI DE MONTFAUCON. *Parisiis*, 1715, *in-fol.* 18 francs.

Je dois apprendre aux jeunes Élèves en littérature que le mot *Anecdota* vient du Grec, et qu'il signifie *non-imprimés encore*. Je fais ici cette observation, parce que bien des gens qui se disent instruits, pensent que ce mot exprime la même chose que le mot *Anecdote* en Français. Quoiqu'ils aient raison jusqu'à un certain point, ils se trompent cependant d'un autre côté : On a employé le mot *Anecdote* dans notre Langue pour *Histoire secrète*; dans ce sens, c'est une Histoire qui jusqu'alors n'a pas été publiée, et le mot *Anecdote* est le mot propre. En latin et en grec, *Anecdota* est synonime à *non impressa*, qui n'a pas été publié, et alors ce mot est plus générique ; il s'applique aussi bien à l'Histoire qu'à toute autre science. On a été plus loin en français, puisqu'on se sert du mot Anecdote pour exprimer un trait d'Histoire, un événement particulier. Il serait à desirer que quelque Savant prît la peine d'augmenter le Dictionnaire abrégé des mots français

G

dérivés du grec, qu'on a mis à la fin du Jardin des racines grecques, et que nos jeunes Étudians s'attachassent à connaître le génie de notre Langue et de celles dont elle a été formée. Ce serait l'unique moyen de l'épurer et de la perfectionner.

Les Manuscrits de la Bibliothèque de Coislin venaient du Chancelier Seguier, dont cet Évêque avait hérité. Il légua tous ses Livres à l'Abbaye de St. Germain-des Prés.

5°. BERNARDI DE MONTFAUCON Bibliotheca Bibliothecarum Manuscriptorum nova, ubi quæ innumeris penè Mss. Bibliothecis continentur, ad quodvis litteraturæ genus spectantia et notatu digna, describuntur et indicantur. *Parisiis*, 1739, 2 vol. *in-fol.* Valeur de cet Ouvrage 24 francs.

6°. Bibliotheca vetus et nova, in quâ Hebræorum, Chaldæorum, Syrorum, Arabum, Persarum, Ægyptiorum, Græcorum et Latinorum per universum terrarum orbem Scriptorum, Patria, ætas, nomina, Libri recensentur et exhibentur à GEORGIO MATTHIA KONIGIO græcæ Linguæ et Poëseos in Academiâ Altdorfinâ Professore publico, necnon Bibliothecario. *Altdorfi, Meyer*, 1678, *in-fol.* Prix 12 francs.

7°. JULII BARTOLOCCII Bibliotheca magna Rabbinica de scriptoribus et scriptis Hebraïcis. *Romæ*, 1675, 4 vol. *in-fol.*

8°. CAROLI JOSEPHI IMBONATI, supplementum Bibliothecæ Rabbinicæ Julii Bartoloccii, sive

Bibliotheca Latino-Hebraïca de Scriptoribus latinis qui contrà Judæos vel de re Hebraïcâ scripsere. *Romæ*, 1694, *in-fol.* Les deux numéros précédens valent ensemble 72 francs.

9°. VINCENTII PLACCII theatrum anonymorum et pseudonymorum, edente Joan. Alb. Fabricio. *Hamburgi*, 1708, 2 vol. *in-fol.* Prix 20 francs.

10°. Bibliotheca ecclesiastica JOANNIS ALBERTI FABRICII. *Hamburgi*, 1718, *in-fol.* Prix 10 francs.

11°. CASIMIRI OUDIN commentarius de scriptoribus ecclesiæ antiquis, illorumque scriptis adhuc extantibus, ad annum 1640. *Lipsiæ*, 1722, 3 vol. *in-fol.* On vend ce livre de 24 à 30 francs.

12°. JACOBI QUETIF et JACOBI ECHARD scriptores ordinis minorum. *Parisiis*, 1719-1721, 2 vol. *in-fol.* Prix 24 francs.

13°. Bibliotheca universa franciscana, auctore F. JOANNE à S. ANTONIO, salmantino. *Matriti*, 1732, 3 vol. *in-fol.* 3 francs.

14°. Bibliotheca scriptorum societatis Jesu, opus inchoatum à PETRO RIBADENEIRA; continuatum à PHILIPPO ALEGAMBE, et productum ad annum, 1675, à NATH. SOTWELLO. *Romæ*, 1676, *in-fol.* rare, 40 francs.

15°. NICOLAI TOPPI Bibliotheca napoletana,

è apparato a gli huomini illustri in lettere, in fino all'anno 1678. *Napoli*, 1678, *in-fol.*

Il faut pour que ce livre soit complet qu'on y joigne le suivant :

Addizioni copiose di Lionardo Nicodemo alla Bibliotheca napoletana dal Nicolao toppi. *Napoli*, 1683, *in-fol.* 24 francs.

16°. Antonini Mongitoris Bibliotheca sicula; sivè notitia Scriptorum Siciliæ. *Panormi*, 1707-1714, 2 volumes *in-fol.* On a vendu ce livre jusqu'à 26 francs.

17°. Francisci Arisii cremona litterata. *Parmæ*, 1702-1706, 8 volumes *in-fol.* Prix 18 francs.

18°. Bibliotheca scriptorum Mediolanensium, Philippi Argelati, cui accedit Jos. Ant. Saxii historia litterario-typographica Mediolanensis. *Mediolani*, 1745, 4 volumes *in-fol.* 30 à 36 francs.

19°. Istoria degli scrittori Fiorentini dà Giulio Negri. *Ferrara*, 1722, *in-fol.* 4 francs.

20°. Bibliotheca Hispana vetus à Nicolao Antonio, studio et curis Josephi Saenz, Cardinalis de Anguirre. *Romæ*, 1696, 2 volumes *in-fol.* Cet ouvrage vaut 200 francs, avec le suivant.

21°. Ejusd. Nicolai Antonio, Bibliotheca Hispana nova. *Romæ*, 1672, 2 vol. *in-folio.*

22°. Scriptores illustres majoris Britanniæ à

BIBLIOGRAPHIE. 53

JOANNE BALEO. *Basileæ*, 1557, *in-fol.* Rare en France, 60 francs.

23°. THOMÆ TANNERI, Episcopi Asaphensis, Bibliotheca britannico-hibernica, sivè de scriptoribus qui in angliâ, scotiâ et hiberniâ floruerunt, edente DAVIDE WILKINS. *Londini*, 1748, *in-fol.* Prix 42 francs.

24°. JACOBI LE LONG Bibliotheca sacra. *Parisiis*, 1723, 2 vol. *in-fol.* 18 francs.

25°. Bibliotheca ecclesiastica CORNELII SCHULTINGII. *Coloniæ agrippinæ*, 1599, 4 tomes en 1 vol. *in-fol.* 6 francs.

Ce livre, que l'on place parmi les Bibliographes, est plutôt un ouvrage de controverse.

26°. Catalogus Bibliothecæ amplissimæ reipublicæ augustanæ, ab ELIA EHINGERO. *Augustæ vindelicorum*, 1633, *in-fol.* 6 francs.

27°. CONRADI GESNERI Bibliotheca. *Tiguri*, 1545 et 1548, 2 vol. *in-fol.* 9 francs.

On préfère l'Abrégé qui suit :

28°. Bibliothecæ Gesneri epitome per SIMLERUM, amplificata à JOANNE JACOBO FRIZIO. *Tiguri*, 1583, *in-fol.* 15 francs.

29°. JACOBUS GADDIUS, de scriptoribus non

ecclesiasticis latinis, græcis, italis. *Florentiæ*, 1648, *in-fol.* Deux parties en un volume, 12 francs.

30°. Latini Latinii (D^{ci}. MACRI) Bibliotheca sacra et profana. *Romæ*, 1677, *in-fol.* 10 francs.

31°. Mⁿⁱ. ARMELINI Bibliotheca Benedictino-Cassinensis. *Assisii*, 1731, *in-fol.* 2 tom. en 1 vol. peu commun, 9 francs.

32°. L^{dri}. ALBERII illustres viri ordinis prædicatorum. *Bononiæ*, 1517, *in-fol.* 4 francs.

Je ne parle pas ici du Catalogue de M. DE BOZE, *in-folio*, dont il a été tiré très-peu d'exemplaires ; ni des Bibliothèques françaises de LA CROIX DU MAINE et de DUVERDIER, parce que l'on doit préférer leur édition *in-4°*, dont je ferai mention plus bas. J'ai dû renvoyer également à une autre secction, des livres qui portent le nom de *Bibliothèques* et qui ne sont pas des ouvrages de Bibliographie ; de ce nombre est le *Bibliotheca Bibliothecarum Mss.* de Labbe, et quelques autres qu'il est inutile de désigner ici.

J'ai mis le prix à chacun des livres que nous n'avons pas, afin de faciliter ceux qui desirent en faire l'acquisition, soit pour eux, soit pour notre Bibliothèque.

BIBLIOGRAPHES *in-4°*.

Bibliographes généraux.

1. Jugemens des Savans sur les principaux ouvrages des Auteurs, par ADRIEN BAILLET, revus, corrigés et augmentés par M. DE LA MONNOYE,

de l'Académie française. *Paris*, 1722, avec l'Antibaillet par MÉNAGE, imprimé à *Paris* en 1730, 8 vol. in-4°.

Cet ouvrage vient du couvent supprimé des Capucins de Marseille ; il avait coûté 48 francs.

On voit à la tête du premier volume le portrait d'Adrien Baillet, gravé par Édelinck, avec ces quatre vers.

Dans une douce solitude,
A l'abri du mensonge et de la vanité,
J'adoptai la critique, et j'en fis mon étude,
Pour découvrir la vérité.

Cet auteur nâquit à la Neuville en Hez, près de Beauvais, le 13 juin 1649 ; il fut Prêtre et Curé, mais il renonça aux fonctions de son ministère pour se livrer tout entier à l'étude. Il devint Bibliothécaire du Président de Lamoignon, et mourut à Paris le 21 janvier 1706.

Quoique son ouvrage ne soit qu'une compilation, il est nécessaire de le lire : on doit aussi voir les notes de la Monnoye, et la critique de Ménage qui forme le huitième volume. On reproche à Baillet, comme à la plûpart des Bibliographes, de parler trop au long des petits écrivains, et de ne pas examiner les grands génies avec assez de détail. Cependant on doit convenir que la critique de son premier volume est très-judicieuse ; si elle fût passée dans les volumes suivans, l'ouvrage serait moins critiqué. C'est à cette critique que nous devons le silence de Baillet, qui cessa d'imprimer ce qu'il avait composé pour compléter son ouvrage.

On a tiré des exemplaires en grand papier du *Jugement des savans*. Nous en avons trouvé dans notre collection cinq volumes incomplets.

On ne sera pas fâché de trouver ici la notice des autres Ouvrages de Baillet. Il publia en 1690, en 4 vol. *in-12*, *l'Histoire de la Hollande*, sous le nom de LA NEUVILLE; en 1698, également *in-12*, une *Relation de la Moscovie*. On a encore de lui les *Vies des Saints*, en 4 volumes *in-folio*, 10 volumes *in-4°*. ou 17 *in-8°*. Frion, son neveu, en publia l'Abrégé en 1 volume, réimprimé en 4 volumes *in-8°*.

Son livre de *la Dévotion à la Ste. Vierge*, *in-12*, fit naître quelques propos parmi les Théologiens. Sa *Vie de Descartes*, *in-4°*, dont il donna un Abrégé *in-12*, est pleine de recherches puériles. Il n'en est pas de même de *l'Histoire des démêlés du Pape Boniface V. I I I*, avec Philippe le Bel, imprimée *in-12* en 1718; elle est estimée de même que les vies de *Richer*, de *Godefroi Hermant*, et de *St. Etienne de Grandmont*. Enfin, cet écrivain avait composé le Catalogue de la Bibliothèque de Lamoignon, en 32 vol. *in-folio*, mais il ne le fit pas imprimer.

2. JOANNIS ALBERTI FABRICII, SS. Theologiæ doctoris et professoris publici, Bibliotheca græca, sivè notitia Scriptorum veterum Græcorum, quorumcumque monumenta integra aut fragmenta edita exstant; tùm plerorumque è Manuscriptis ac deperditis. Editio tertia, ab Auctore recognita et plurimis locis aucta. Accessit Empedoclis sphæra et Marcelli Sidetæ Carmen de medicamentis è piscibus, Græcè et Latinè, cum brevibus notis. *Hamburgi, Liebezeit*, 1718-1728, *in-4°*, 14 *vol.*

Debure, qui annonce cet ouvrage dans son sixième volume, page 406, n°. 6017, *in-8°*, a fait une faute, en voulant corriger l'Imprimeur de Fabricius. Au lieu de transcrire *de medicamentis è piscibus*

BIBLIOGRAPHIE.

piscibus, comme il lisait dans le titre ; il a cru que les vers de Marcellus traitaient des médicamens et des poissons, et il a écrit *de medicamentis et piscibus*. Il ne serait pas tombé dans cette erreur, s'il eût pris la peine de chercher la page 14 du premier tome de Fabricius, où il aurait lû à la tête des vers de *Marcellus Sidetes* le titre suivant : *Medicina ex piscibus* ; ce qui signifie *remèdes tirés des Poissons*. Nous nous ferons un devoir de relever toutes les fautes Bibliographiques, qui sont échappées aux Auteurs qui nous ont précédés. On ne peut disconvenir que Debure ne soit un de nos meilleurs Bibliographes, et cependant on trouve tant à redire dans son ouvrage.

La premiere édition de ce Livre intéressant parut à Hambourg en 1705 ; la seconde, en 1708, et la troisieme, qui est la meilleure, en 1718 et successivement jusques en 1728.

Le premier volume contient deux Livres, dont l'un renferme, par ordre alphabétique, les Auteurs grecs qui ont existé avant Homère : le second traite de ceux qui ont vécu depuis Homère jusqu'à Platon.

Le second volume renferme le troisieme Livre, qui parle des Écrivains qui ont fleuri depuis Platon jusqu'à la naissance de J. C. L'auteur y a joint l'introduction à Platon par Albinus, quelques fragmens d'Anatolius, et l'ouvrage d'un ancien Poëte sur la vertu des herbes consacrées aux Dieux, avec une version Latine et des notes.

Dans le troisieme volume, on trouve la première partie du quatrième livre : il traite des livres saints de la nouvelle alliance ; de Philon, de Josephe et des autres Auteurs illustres, jusques à Constantin le grand. Ce volume renferme encore le Livre de Ptolémée sur les étoiles fixes, et l'éloge chronologique de Galien par le P. Labbe.

La deuxième partie du quatrième Livre forme le quatrième volume, dans lequel, outre les Écrivains sur la science des nombres, et quelques autres Philosophes, l'Auteur fait l'énumération des Sophistes, des Rhéteurs et des Lexicographes grecs. Parmi plusieurs Ouvrages qui n'avaient pas encore été publiés, il place les écrits de Démocrite et d'Anatolius sur les sympathies et les antipathies, avec des commentaires ; celui de Ptolémée d'Ascalon sur la différence des mots grecs : la vie de Plotin par Porphyre : un fragment de Longin sur les mesures et la dissertation de Luc Holstenius sur la vie et les écrits de Porphyre.

La première partie du cinquième livre, qui est en même tems le cinquième volume de cet ouvrage, traite des Auteurs grecs, depuis Constantin le grand jusques à la prise de Constantinople par les Turcs en 1453. On y voit des dissertations curieuses de Léon Allatius, et des questions sur toute sorte de sciences, par Michel Psellus.

Le sixième volume renferme la seconde partie du cinquième livre. Il est destiné aux Historiens ecclésiastiques et à ceux qui ont écrit l'Histoire byzantine. On y trouve une dissertation très-curieuse sur la croix que Constantin le grand vit dans le ciel.

Le septième volume, ou la troisième partie du cinquième livre, renferme les fameux écrivains du quatrième et du cinquième siècle, les Grammairiens grecs, les Poëtes chrétiens, les Hérétiques et ceux qui les ont combattus ; les PP. Grecs sur l'Ecriture sainte. Il y a encore la Grammaire de Denys de Trace, quatre discours de Libanius le sophiste, avec leur traduction latine ; un discours de Godefroi Oléarius : Quelques lettres de Libanius, le poëme de l'éléphant d'Emmanuel Phile et d'autres poëmes. Enfin, on y a inséré le Catalogue d'environ cinq cens écrivains, qui ont soutenu ou défendu la religion chrétienne contre les athées, les déistes, les payens, les juifs, et les mahométans.

La quatrième partie du cinquième livre forme le huitième volume, dans lequel sont les philosophes Themistius, Théon, Pappus, Syrianus, Proclus, Simplicius, etc. les docteurs de l'église ; un poëme qui n'avait pas été imprimé, et qu'on dit être d'un grand philosophe dont l'empereur Julien écouta les leçons et plusieurs autres discours et traités curieux.

Le neuvième volume, ou la cinquième partie du cinquième livre, offre des dissertations étendues sur les Théodores, les Anastases, Jean Philopon, Photius et Suidas. Vient ensuite le traité de Xénocrates des alimens que procurent les animaux qui vivent dans l'eau, plus étendu que celui que Gesner a publié : le discours que fit Himerius à Julien quand il vint à Athènes ; une notice du lexicon de Photius, le livre de Maximus le sophiste sur la manière d'éluder les objections auxquelles on ne peut pas répondre, et enfin les prolégomènes de rhétorique de Troïle.

Le dixième Volume termine le cinquième livre dont il renferme la sixième et dernière partie. Il est consacré aux lexicographes; mais on y trouve la table des écrivains homonymes et de ceux dont il est fait mention dans les dix volumes de cet ouvrage.

L'onzième volume commence le sixième livre, dont il renferme les quatre premiers chapitres. Fabricius y a rassemblé la collection des canons de l'ancienne église, ceux des conciles généraux et particuliers, les épitres et les décrets des Papes Avec le *Synodicon vetus*, déjà publié par Jean Pappus, on trouve une liste grecque et latine des écrivains grecs de ce siècle et du siècle passé, par Demetrius Procope, qui n'avait point encore vu le jour.

Le douzième volume est destiné à indiquer la situation de plus de quatre mille évêchés du monde chrétien, une notice des écrivains ecclésiastiques, et des jurisconsultes et médecins grecs. ensuite avec quelques ouvrages non imprimés des auteurs anciens, tels que Plutarque, Théodore Studite, etc. on voit les cinq livres de la formation de l'homme par Théophile, en grec et en latin.

Au treizième volume est la notice des collections grecques et des liturgistes, suivie de quelques ouvrages détachés sur l'histoire ecclésiastique et la rhétorique.

Le quatorzième et dernier volume parle des auteurs pseudonymes et supposés. La table générale contient la plus grande partie de ce volume. Dans notre exemplaire, on a ajouté une autre table manuscrite de tous les auteurs, dont il est fait mention dans cet ouvrage. Ces tables étaient absolument nécessaires dans une collection où l'ordre n'est pas exactement observé, et où il est question d'un aussi grand nombre d'écrivains. Au reste nous dirons avec Nicéron, que c'est un des meilleurs ouvrages de littérature, et peut être le plus généralement estimé en cette matière. C'est le chef-d'œuvre de son auteur, et l'on ne peut trop y admirer sa vaste et profonde érudition; c'est pour cela que nous avons cru devoir nous étendre un peu plus dans la notice que nous en avons présentée. Au numéro 6, nous parlerons de Fabricius, pour ce qui concerne sa vie et l'époque de sa mort.

3. Jo. ALBERTI FABRICII Bibliotheca latina, sivè notitia Auctorum veterum latinorum, quorumcumque scripta ad nos pervenerunt, distributa in libros IV. supplementis, quæ anteà sejunctim excusa maximo lectorum incommodo legebantur, suis quibusque locis nunc primùm insertis. Tom. I, ad cujus calcem accedunt epistolæ Q. Curtii nomine A. 1500 Regii lepidi vulgatæ. Tom. II, ad cujus calcem accedunt suppleta ingens lacuna aliquot paginarum in scholiis Eustathii ad Dyonisium periegetem, et Aur. Cornelii Celsi rhetorica, ex unicâ sixti Popmæ editione. *Venetiis*, 1728, *apud Sebastianum Coleti*, 2 volumes *in-4°*.

La Bibliothèque latine de Jean-Albert Fabricius a été imprimée *in-8°.* en 1707, 1708 et 1721, en 3 volumes. L'édition que nous citons est la réimpression *in-4°.* qui parut à Venise en 1728. Cette Bibliothèque fait suite à la Bibliothèque grecque, et quoique moins parfaite, elle est presqu'aussi recherchée. Dans le premier volume, l'auteur fait d'abord connaître les Comédies de Plaute

//BIBLIOGRAPHIE.//

et les Éditions qui en ont été faites en différens tems. Vient ensuite Caton : les Auteurs qui ont parlé de l'agriculture, Térence, Lucrèce, Catulle, Cornelius-nepos, Varron, Cicéron, Salluste, César, Titelive, Virgile, Horace, Cornelius-gallus, Ovide, Vitruve, Manilius, Hyginus, Velleïus, Phèdre, Celse, Valère-maxime, Columelle, Sénèque, Lucain, Pétrone, Perse, Silius, les deux Plines, Julius Solinus, Quintilien, Publius Statius, Juvenal et Martial, tels sont les Auteurs dont il est fait mention dans ce volume.

Le second comence par Aulugelle, ensuite on trouve Apulée, Justin, Pallade, Censorinus, Chalcidius, Aurele Victor, Eutrope, Ausone, Avienus Rufus, Ammien-Marcellin, Végèce, Macrobe, Claudien, Symmaque, Sidoine Appolinaire, Boëce, Cassiodore, Jornandés, Ennius, et quelques fragmens d'Auteurs anciens.

Les Poëtes chrétiens latins et les anciens écrivains ecclésiastiques, les Glossaires latins, les Grammairiens, les Orateurs, les Médecins terminent ce volume.

A chaque article, Fabricius fait connaître tous les écrits, vrais ou supposés, toutes les éditions qui en ont été faites, tous les Auteurs cités dans les ouvrages des écrivains dont il donne la notice ; enfin une Table générale et alphabétique des Auteurs et des monumens latins présente un nouveau degré d'utilité pour les Lecteurs.

On évalue cet ouvrage 12 francs ; il nous est venu de la maison de l'Oratoire, dite Ste. Marthe de Marseille.

4. Jo. Christophori Wolfii, prof. ling. orient. Bibliotheca hebræa, sive notitia Auctorum hebræorum cujuscunque (sic) ætatis, tùm scriptorum, quæ vel hebraïcè primùm exarata vel ab aliis conversa sunt, ad nostram ætatem deducta. Accedit

in calce JACOBI GAFFARELLI index codicum Cabbalisticorum manuscriptorum quibus Jo. Picus, Mirandulanus Comes, usus est. *Hamburgi* et *Lipsiæ, Christianus Liebezeit*, 1715, *in-*4°.

Ce volume vient de l'Oratoire, il était à la Bibliothèque du Collège de Marseille, dans la maison St. Jaumes. Il vaut 36 francs.

Jean-Christophe Wolfius, qu'il ne faut pas confondre avec Jean-Christiern Wolfius, était Professeur des Langues hébraïque et orientales, à Hambourg. Dans son *Bibliotheca hebræa*, il fait mention de deux mille deux cent trente et un Auteurs hébreux. A la tête de cet ouvrage, il a mis une Préface qui nous apprend que Gesner, dans ses Pandectes, ses continuateurs, Genebrard, Basnage, ont parlé de beaucoup de livres hébreux, ainsi que Buxtorf, Richard Simon, le P. le Long, etc; mais que ces Auteurs n'ont pas traité la matière à fond.

L'Auteur dit ensuite que son ouvrage est celui de l'Abbé Bartholocci abrégé, auquel il a ajouté cependant bien des choses et qu'il a corrigé en plusieurs endroits. On trouve dans ce livre des Commentateurs de l'écriture, des Historiens, des Poëtes, des Philosophes, etc.

Wolfius annonce un second volume qui n'est point paru. A la fin de sa Bibliothèque, il a fait réimprimer un livre qui avait été imprimé *in-*8°. à Paris en 1651, mais qui était devenu très-rare; c'est la liste des Manuscrits cabbalistiques que Jean Pic de la Mirandole avait fait traduire en latin. Cette liste est curieuse; Wolfius nous dit le cas que l'on doit en faire.

Au reste Wolfius a fait quantité d'autres ouvrages, dont on peut voir la liste dans la table du Journal des Savans, tome X, pag. 64.

*Bibliographes périodiques in-*4°.

5. Le Journal des Savans, publié en l'année

BIBLIOGRAPHIE.

1665, par Hédouville (DENIS DE SALLO), et depuis lors, par J. GALLOYS, par l'Abbé de LA ROQUE, LOUIS COUSIN, FRAGUIER et autres gens de lettres. *Paris, 1723 et années suivantes*, 134 volumes in-4°. jusques à l'année 1792, y compris 10 volumes de Tables, dont l'Auteur est l'Abbé DE CLAUSTRE.

Cet ouvrage intéressant, suspendu par la révolution, a été repris, mais nous n'en avons pas la suite. C'est le livre le plus nécessaire aux Bibliographes : on y rend compte de tous les ouvrages qui paraissent, et c'est le répertoire le plus complet en ce genre. Denis de Sallo, qui le commença sous le nom d'Hédouville, s'attira la haine des mauvais écrivains. Heureusement cela n'a pas empêché la suite de cet ouvrage, qui dans les derniers temps est devenu encore plus utile par les extraits et la critique judicieuse qu'il renferme.

Bibliographes Ecclésiastiques in-4°.

6. Bibliothèque ecclésiastique de LOUIS-ELLIES DUPIN. *Amsterdam, Gallet*, 1701-1715, *in-4°*. 11 volumes.

Ce livre nous vient de la Bibliothèque Ste. Marthe : il y a dix-neuf tomes renfermés dans ces onze volumes. Mais cet ouvrage est peu estimé, parce que l'édition *in-8°*. que nous citerons en son lieu, et qui a été augmenté par Goujet, est la seule recherchée. Je n'évalue qu'à 20 francs cet ouvrage *in-4°*.

7. Histoire générale des Auteurs sacrés et ecclésiastiques, qui contient leur vie, le Catalogue, la

critique, le jugement, la chronologie, l'analyse et le dénombrement des différentes éditions de leurs ouvrages; ce qu'ils renferment de plus intéressant sur le dogme, sur la morale et sur la discipline de l'Église, l'histoire des conciles, tant généraux que particuliers, et les actes choisis des Martyrs; par le R. P. dom REMY CEILLIER, Benedictin de la Congrégation de St. Vanne et de St. Hydulphe, Coadjuteur de Flavigny. *Paris, Dumesnil*, 1729, *et années suivantes*, 23 vol. *in*-4°.

Cet ouvrage n'était que dans la Bibliothèque des capucins de Marseille, d'où nous l'avons retiré; il vaut 120 francs. C'est une collection précieuse par son exactitude; on a seulement reproché à l'Auteur un stile trop pesant.

D. Ceillier était né à Bar-le-Duc en 1688; il mourut en 1761, regretté de ses confrères, dont il avait su se concilier l'estime, dans les divers emplois dont il fut chargé.

Le premier volume de cet ouvrage traite des écrivains de l'ancien et du nouveau testament. L'Auteur y parle encore des oracles des Sibylles, de Philon, de Flavius Josèphe, de Juste de Tibériade, d'Hermas, du Pape St. Clément, de St. Ignace martyr, de St. Polycarpe et de quelques autres Auteurs du premier siècle de l'ère chrétienne.

Dans le second volume qui parut en 1730, on trouve la vie et la notice des Œuvres de St. Justin et des autres écrivains ecclésiastiques jusques à Origène inclusivement.

Le troisième renferme la vie de St. Cyprien, Évêque de Carthage, Docteur de l'église et martyr, avec la notice de ses ouvrages. On y trouve les actes de plusieurs martyrs, la vie et les écrits d'Arnobe, de Lactance, etc. enfin les quatre derniers

chapitres

chapitres traitent des Conciles tenus dans les quatre premiers siècles du christianisme.

Dans le quatrième volume, qui présente d'abord la suite de la persécution de l'Église, sous Galère, Maximin et Licinius, l'auteur a rassemblé les actes d'une grande quantité de martyrs. Il a joint à la vie de Constantin le grand, ses lettres, ses discours et ses édits en faveur des chrétiens. Vient ensuite la vie et la notice des ouvrages d'Eusebe Pamphile. La vie du premier cénobite Pacôme ; quelques autres vies et les Conciles depuis 321 jusques en 356.

Le cinquième volume est divisé en dix chapitres. Le premier ne parle que de l'histoire de S. Hilaire de Poitiers et de ses écrits. Le second est consacré tout entier à St. Athanase. Le troisième fait mention des Abbés de Tabenne, Théodore et Orfise. Le quatrième renferme la vie et les écrits de Lucifer de Cagliari. Le cinquième parle de St. Eusebe, Evêque de Verceil. Dans le sixième, on lit les actes du martyre de St. Sabas. Le septième parle du meurtre des Solitaires du Mont-Sinaï par les Barbares. Au huitième, il est question du Pape Libère, au neuvième, de Marcel, Evêque d'Ancyre. Enfin le dixième chapitre traite des conciles de Sirmium, d'Antioche, etc. depuis 357 jusques à l'année 394.

Julius Firmicus Maternus, Sénateur romain, fait le sujet du premier chapitre du tome sixième. Après quelques autres personnages pieux, on trouve la vie et la notice très-détaillée des œuvres de St. Basile, de St. Cyrille de Jérusalem, de St. Optat, Evêque de Milève, et de quelques Papes et Evêques qui vivaient sur la fin du quatrième siècle.

St. Grégoire de Nazianze et St. Ambroise occupent presque le septième volume. On y trouve encore Amphiloque, Archevêque d'Icone ; Phébade, Evêque d'Agen ; Diodore, Evêque de Tarse ; Didyme l'aveugle, Docteur d'Alexandrie, et Macaire, instituteur des Solitaires de Scété.

St. Ephrem est annoncé dans le premier chapitre du huitième volume, comme docteur de l'Église. Les décrétales forment la matière du second. Le troisième est tout entier pour le Pape Sirice. Evagre du Pont fournit le sujet du quatrième. Le cinquième est pour Grégoire de Nysse. Au sixième sont désignés les écrits d'Eunomius, de Photin, de Priscillien, de Latronien et d'Ithace. Les neuf suivans parlent de plusieurs écrivains ; et le sixième et dernier chapitre fait connaître les vertus et les écrits de St. Épiphane, archevêque de Salamine et docteur de l'église.

Le neuvième volume ne parle que de St. Jean Crysostome, et à la fin il y a seize pages sur Théophile, patriarche d'Alexandrie.

Au dixième volume, on parle de Rufin, prêtre d'Aquilée ; de Pallade, évêque d'Hellenople ; de Chromace, évêque d'Aquilée; de Jean, évêque de Jérusalem ; de St. Innocent, pape ; du pape Zozime ; de St. Jérôme ; de quelques Auteurs Syriens ; du Pape Boniface ; d'Atticus, archevêque de Constantinople ; de Théodore, évêque de Mopsueste ; de Synesius, archevêque de Ptolémaïde ; de Gaudence, évêque de Bresse ; de Pannodore et d'Annien, moines égyptiens ; de Bachiarius ; de St. Paulin, évêque de Nole ; de Sedulius, poëte chrétien, de Sulpice sévère, et des Conciles du quatrième siècle, qui suivent ceux dont il a été fait mention dans les tomes précédens.

L'onzième volume est tout entier pour Saint Augustin, de même que le douzième ; mais celui-ci est terminé par la notice des Conciles tenus depuis 401 jusques en 418.

Le treizième volume commence par le Pape Célestin ; vient ensuite Jean Cassien, abbé de Marseille ; St. Nil, solitaire de Sinaï ; St. Cyrille d'Alexandrie ; Hilaire d'Arles, Eucher de Lyon, Vincent de Lerins, Isidore de Péluse ; Nestorius et quelques historiens ecclésiastiques. Le volume est terminé par trois chapitres sur les conciles tenus depuis 419 jusques en 444.

Paul Orose, Pierre Chrysologue, Théodoret, le Pape St. Léon, St. Prosper, Maxime de Turin et Arnobe, avec quelques autres auteurs, remplissent le quatorzième volume, dans lequel on trouve encore les conciles tenus depuis 444 jusques à l'année 451, époque du fameux concile de Calcedoine.

Le quinzième volume renferme un grand nombre d'écrivains, parmi lesquels on distingue Salvien et Musée de Marseille, Sidoine Apollinaire, et Boëce, Senateur romain. L'on voit ensuite les conciles attribués à St. Patrice, et tous ceux qui ont eu lieu depuis le milieu du cinquième siècle jusques à celui de Sidon qui fut tenu vers l'an 512.

Au seizième volume, St. Fulgence, St. Césaire et Cassiodore sont accompagnés d'une foule d'Auteurs qui vivaient de leur tems. Les conciles d'Epaone et de Lyon, et tous les autres tenus depuis 517 jusques en 589, terminent ce volume.

Le tome dix-septième commence par Grégoire de Tours; Prudence poëte chrétien, Fortunat, évêque de Poitiers, Léandre, évêque de Séville, S. Grégoire le Grand, S. Jean Climaque, St. Eloy et quelques autres précédent les conciles tenus depuis 590 jusques en 622.

Le dix-huitième tome est divisé en cinquante chapitres. Le premier est tout entier pour la vie et les écrits du vénérable Bede. Les autres sont destinés à faire connaître les ouvrages d'un nombre infini d'auteurs ecclèsiastiques, parmi lesquels nous ne citerons que St. Jean Damascene, Alcuin, Charlemagne, et Raban Maur, archevêque de Mayence, auteur de plusieurs hymnes et principalement du *Veni creator*.

Le dix-neuvième tome est composé de soixante et un chapitres, dont cinquante-cinq pour une foule considérable d'auteurs qui vivaient au dix-huitième siècle, et les six derniers chapitres sont destinés à parler des conciles tenus depuis 658 jusques en 698.

Au vingtième volume, après les livres de Liturgie de l'église latine, il est fait mention de beaucoup d'Abbés, parmi lesquels je cite Odilon de Cluni et Oderic de Vendôme; il y a également quantité d'Évêques, des Cardinaux et des Papes. Les conciles qui sont rapportés dans ce volume sont ceux de Vorms, Tolède, etc. jusques au second concile de Nicée tenu à l'occasion des images, que l'on compte pour le septième concile général.

Le tome vingt-unième commence par le bienheureux Lanfranc; on y remarque la vie de St. Anselme de Cantorbery, et celle d'Yves de Chartres. Les conciles de l'onzième et douzième siècles font la matière des derniers chapitres.

Adam, chanoine de Brême, Hildebert, évêque du Mans, et quelques autres précèdent St. Bernard et St. Malachie. Les conciles tenus depuis 787 jusques en 1002, remplissent dix-huit chapitres du vingt-deuxième tome.

Enfin, le vingt-troisième et dernier volume, après un discours sur la Théologie, donne la vie et les écrits de Pierre Lombard, surnommé *le maître des sentences*, et celle de plusieurs écrivains. Les actes des Martyrs recueillis par Assemani, et la suite des conciles jusques en 1099, terminent cet ouvrage.

Notre exemplaire est piqué des vers en quelques endroits ; il n'en est pas moins précieux : nous l'évaluons 84 francs au moins.

BIBLIOGRAPHES PROFESSIONAUX in-4°.

8. J. ALBERTI FABRICII bibliographia antiquaria, sivè Introductio in notitiam Scriptorum, qui antiquitates hebraicas, græcas, romanas et christianas scriptis illustrarunt. Editio secunda, auctior et indice duplici rerum scriptorumque locupletata. *Hamburgi*, et *Lipsiæ*, *Liebezeit*, 1716, *in-4°*.

On a publié plusieurs éditions de cet ouvrage. La dernière parut à Hambourg en 1760.

Debure, en citant ce livre, ne nous apprend pas que c'est ici la seconde édition. Niceron se trompe, lorsqu'il la date de 1726. La première édition de 1713, renfermait un Poëme de Maurice de Sens, sur les rits de la Messe. —

Fabricius croyait qu'il était le premier à le publier ; mais ayant appris depuis qu'il avait été imprimé plusieurs fois, il le supprima dans cette seconde édition.

BIBLIOGRAPHIE.

Pierre Zornius, dans son *Bibliotheca antiquaria*, ne fait pas l'éloge de l'ouvrage que nous citons ; il reproche à l'auteur d'avoir omis un grand nombre d'écrivains. Sans vouloir justifier Fabricius, nous croyons qu'il est bon d'avoir son ouvrage, qui contient beaucoup de choses qu'on ne trouve pas dans Zornius.

J. Alb. Fabricius était né à Leipsick le 11 Novembre 1668 ; il étudia la littérature et les sciences sous d'habiles Professeurs, parmi lesquels je ne citerai que Thomas Ittigius qui le chérissait beaucoup. Il fut chargé du soin de la Bibliothèque de Jean-Frédéric Mayer ; il se lia avec les savans de son tems ; et après avoir obtenu des grades en Théologie, il professa cette science avec applaudissement. Il mourut le 30 Avril 1736, âgé de soixante-sept ans. Sa modestie lui fit refuser une place dans L'Académie de Berlin, et dans la Société royale de Londres.

9. Bibliotheca classica, sivè Catalogus officinalis, in quo singuli singularum facultatum ac professionum libri, qui in quâvis ferè linguâ extant, quique intrà hominum ferè memoriam in publicum prodierunt, secundùm artes et disciplinas, eorumque titulos et locos communes, authorumque cognomina singulis classibus subnexa, ordine alphabetico recensentur; additisque ubivis loco, tempore et formâ impressionis, justâ serie disponuntur. Authore M. Georgio Draudio. *Francofurti*, *Hoffmannus*, 1611, in-4°.

Ce livre, qui était à la Bibliothèque de l'Académie supprimée des belles lettres, sciences et arts de Marseille, est une table, ou un repertoire des titres de tous les livres dont Georges Draudius a pu se procurer la connaissance. On en a donné une seconde édition en 2 volumes en 1625. L'auteur était Allemand, son ouvrage n'est curieux que par la table des Auteurs, mais il laisse beaucoup à desirer, et près de deux siècles d'existence ne sont pas un titre de recommandation pour un livre de ce genre. Je l'évalue 2 francs.

10. Bibliographia gallica universalis, hoc est, Catalogus omnium librorum, per universum galliæ regnum annis M. DC. LII. et M. DC. LIII. excusorum (auctore fratre LUDOVICO JACOBO, carmelitâ, Eleemosynario regio, et cardinalis Retzii bibliothecario.) *Parisiis*, 1654, *ex officinâ Cramosianâ*, *in*-4°. de 92 pages.

Ce volume a été à la Bibliothèque ci-devant royale ; il fut échangé et passa à la Bibliothèque de la maison professe des Jésuites de Paris : il nous est venu de la Bibliothèque du bon Pasteur. C'est une notice ou plutôt un Catalogue de tous les livres imprimés en France en 1652 et 1653.

L'auteur, Louis Jacob, l'a divisé par ordre de facultés. Il avait déjà fait paraître son *Bibliotheca parisina* pour les années 1643-1647. Ces Catalogues ont fait naître l'idée des Journaux littéraires. C'est une obligation que nous avons à ce Bibliographe, dont nous parlerons plus au long, en citant quelqu'un de ses autres ouvrages.

11. Elenchus scriptorum omnium, veterum scilicet ac recentiorum, extantium et non extantium, publicatorum atque hinc inde in bibliothecis latitantium, qui ab exordio mundi usquè ad nostra tempora in diversis linguis, artibus ac facultatibus claruerunt, ac etiamnùm hodiè vivunt : antè aliquot

annos à clarissimo viro D. Conrado Gesnero, Medico tigurino editus, nunc verò primùm in reipublicæ litterariæ gratiam in compendium redactus, et autorum haud pœnitendâ accessione auctus: per Conradum Lycostenem, Rubeaquensem. *Basileæ*, *Oporinus*, 1551, *in-*4°.

On lit encore sur le titre, ce qui suit :

Habes hîc, Candide lector, opus planè novum, et non bibliothecis publicis ac privatis instituendis utile, sed studiosis omnibus (ut in libri præfatione docetur) cujuscumque artis ac scientiæ, ad studia in melius formanda in primis necessarium: in quo, ea quæ priori editioni accesserunt, hoc signo * notavimus.

Cet ouvrage est un Catalogue alphabétique, ou, si l'on aime mieux un Dictionnaire des Auteurs par la lettre initiale de leurs prénoms. A la fin du livre est une table alphabétique des noms patronimiques, à l'aide de laquelle on trouve facilement l'Auteur que l'on cherche.

Conrad Gesner fit paraître en 1545 in-fol. une Bibliothèque universelle, qui a été depuis réimprimée en 1583, *in-*fol. avec des suppressions, et sous le nom d'*Epitome*. Conrad Lycosthènes, nommé *Wolfhart* en Allemagne, son pays natal, avait déjà abrégé cette Bibliothèque et fit paraître cet abrégé en 1551, du vivant de Gesner, qui mourut seulement en 1565, à l'âge de quarante-neuf ans, avec le titre de *Pline de l'Allemagne*.

Lycosthènes, né en 1568, deux ans après Gesner, le précéda au tombeau, étant mort en 1561, à la suite d'une paralysie qui dura sept ans entiers. Ces deux écrivains furent célèbres ; mais Gesner acquit plus de réputation Cet ouvrage nous a été apporté de l'Oratoire Ste. Marthe. Je l'évalue à 4 francs 20 centimes.

Liste des Bibliographes in-4°, qui ne sont pas dans notre Bibliothèque.

1°. Bibliothèque curieuse, ou Catalogue des livres rares, par David CLÉMENT. *Gottingue*, 1750, *et an. suiv.* 9 vol. *in-4°*. 54 francs.

2°. Bibliotheca italiana da Nic. HAYM. *Venezia*, 1728, *in-4°*. (*édition préférée à celle de* 1741.) 12 francs.

3°. De Bibliothecis atque archivis, primo editore Joach. Joanne MADERO ; cum secundâ parte à Joan. Andreâ SCHMIDT. *Helmestadii*, 1702-1705, 2 tomes en 1 vol. *in-4°*. 10 francs.

4°. Joannis FABRICII, historia Bibliothecæ Fabricianæ. *Wolffenbuttelii*, 1717, *et seq.* 6 vol. *in-4°*. 36 francs.

5°. Ejusdem Bibliotheca latina mediæ et infimæ latinitatis. *Patavii*, 1754, 6 vol. *in-4°*, 30 francs.

6°. La Bibliothèque de la Croix du Maine, et celle de Duverdier, par RIGOLEY DE JUVIGNY. *Paris*, 1772-1773, 6 vol. *in-4°*. 96 francs.

7°. Biblioteca di Fontanini con le annotazioni di Apostolo ZENO. *Venezia*, 1753, 2 volumes *in-4°*. 24 francs.

8°.

www.ingramcontent.com/pod-product-compliance
Lightning Source LLC
LaVergne TN
LVHW052100090426
835512LV00036B/2367